40 Poemas
y
Un Sueño

40 Poemas y un Sueño
Andrés Cruz

Publicado por
D'Har Services
P.O. Box 290
Yelm, Wa 98597
www.dharservices.com
info@dharservices.com
webmaster@dharservices.com
dharservices@gmail.com

Derechos de autor © 2012, Andrés Cruz

Carátula© Xiomara García

ISBN-13:978-0-9842033-9-0

Derechos Reservados

Todos los derechos de autor están reservados. Este libro no se puede reproducir completo o por partes, o traducir a cualquier idioma por medios electrónicos, mecánicos, fotocopiado, o ningún otro sistema sin la previa autorización por escrito del autor, excepto por alguna persona que use pasajes como referencia.

Agradecimientos

A mi querida esposa Teresa,

sin su apoyo, este libro no existiría.

Índice

A mi niña 01

Perdón 02

El Jardín de la amistad 03

Falso tesoro 05

Intensa amiga 07

Mis ojos van a hablar 08

Divinas sensaciones 09

El dolor de un amigo 10

Cuando hay amor no hay sentido 11

Llegaste tú 13

No sé porque me pregunto 14

Déjame 15

Boleto a la esperanza 16

Fatal confusión 17

Corazón nublado 18

Incumplimiento de contrato 20

Dilema 22

Amigos que hacen sufrir 24

Rayito de luz 25

Recuento 27

El último eslabón 29

El amor 30

La belleza tiene Dueño 31

Sé que no habrá perdón 32

Migajas 33

Divina aparición 34

Maldita cordura 36

Agradable cautiverio 37

Ángel de la Noche 38

Cruel atadura 41

Desenfreno 44

Disparo de hielo 46

Diva del hogar 48

Entre el bar y el callejón 50

Esperanza 53

Mágica edad 55

Mortal quimera 58

Vuelo hacia el ayer 60

Martirio del plural 63

Mezcla perfecta 65

"Se escaparon las palabras de algún rincón de mi alma

salieron desesperadas buscando la libertad,

un verso las alcanzó justo comenzando el alba

fundiéndose en una estrofa al darles la claridad"

A Mi Niña

Eres mi musa mañanera
lluvia de versos que inundan mi
alma de ilusión,
bella flor que se estrena en primavera
dulce melodía que acompaña a la canción.

Eres brisa que retoza en la pradera
la palabra que faltaba en mi oración,
el color preferido en mi acuarela
fruta fresca recogida en estación.

Perdón

Perdón por ahogar tus ojos
en un mar de sufrimientos,
mi pasado y sus despojos
hirieron tus sentimientos.

Perdón por abrir senderos
de dolor en tu alma,
aunque mi amor es sincero
no escapo de mis fantasmas.

Perdón por ponerte frente
a mis penas como escudo,
y soportar tan valiente
mis temores al desnudo.

Perdón por amarte tanto
y a la vez no comprenderte,
he provocado tu llanto
ya no creo merecerte.

El Jardín De La Amistad

La amistad como la rosa
tiene espinas y belleza,
tiene momentos alegres
y momentos de tristeza,
hay que cuidarla y regarla
igual que a la bella flor,
a la rosa mucha agua
a la amistad mucho amor.

En el jardín de la vida
van floreciendo amistades,
en el campo nacen flores
de diversas variedades,
entre mil flores la rosa
es la que llevo conmigo,
entre amistades yo busco
sin descanso un buen amigo.

El amigo es quien te entiende
aunque no tengas razón,
te escucha y no te reprende
solo te da su opinión,
el amigo te perdona
aunque tus palabras hieran,
te defiende y no abandona
aunque en el intento muera.

...

Cuando los buenos momentos
y la fortuna te llegan,
si no lo llamas no viene
y disfrutarla te deja ,
el amigo se presenta
sin que tengas que llamar,
cuando ronda la tristeza
y las cosas andan mal.

Falso Tesoro

Pasamos tiempo buscando
en el lejano horizonte,
esa persona perfecta
que diseño nuestra mente,
el amor que deseamos
y no logramos hallar,
sin pensar que a nuestro lado
silencioso puede estar.

Nos perdemos en la bruma
de infantiles fantasías,
vistiendo banalidad
y calzando hipocresía,
fabricamos personajes
como guion de novela,
lanzándonos a la caza
de tan frívola quimera.

A veces creemos hallar
al ideal de persona,
sin saber que la pasión
da ceguera y nos traiciona,
gran belleza y elegancia
un verdadero tesoro,
y olvidamos con frecuencia
que el brillo no siempre es oro.

...

**Sin embargo un corazón
humilde , tierno y sincero,
esta latiendo muy cerca
entregado por entero,
no es Apolo o Afrodita
ni con perfectas medidas,
pero su amor lo daría
aunque le cueste la vida.**

Intensa Amiga

Cuando aparece el amor trae de la mano una amiga
es la que viene a encender la llama en el corazón,
ella tiene la misión de mantenerla encendida,
es coqueta , atrevida y su nombre es pasión.

Si se acercan solapadas la rutina y la pereza
la pasión es la encargada de cortarles la cabeza,
es vitamina constante que necesita el amor
es esa fuerza vibrante, el incesante motor.

Esta atrevida coqueta que al amor ha poseído
revivirá la ilusión, los sueños y la esperanza,
la ternura, la confianza, el cosquilleo en la panza
y luchara por tener dos corazones unidos.

Mis Ojos Van a Hablar

Si te dijera que eres como el aire
que respiro
pensarías que es un cursi y muy
gastado cumplido,
que ya no duermo en las noches y
por ti daría la vida
sonaría en tus oídos cual barata
poesía.

Por eso guardo mis ansias y al final
no digo nada
mejor me quedo tranquilo y espero
verte pasar,
más si se antoja el destino de cruzar
nuestras miradas,
mi boca estará cerrada y mis ojos
van a hablar.

Divinas Sensaciones

Desnuda sin pudor tu alma
y ven conmigo a imaginar,
que caminamos con calma
juntos, a orillas del mar.

Que hay una gran parranda
con millones de invitados,
y mientras toca la banda
bailamos enamorados.

Imaginemos igual
que en una nube viajamos,
y que vamos a alcanzar
las estrellas con las manos.

Que divinas sensaciones
de tan solo imaginar,
festejan los corazones
y no se cansan de amar.

El Dolor De Un Amigo

¿Por qué nos abandonas
en medio del camino,
dejándonos a solas
con este cruel destino?

A veces siento pena
por ese fiel amigo,
que late con tal fuerza
cuando tú estás conmigo.

No hallo la manera
de decirle que te fuiste,
tú eras nuestra hoguera
que tanto calor nos diste .

Será letal el frio
de esta gran decepción,
y morirá de hastió
mi amigo el corazón.

Cuando Hay Amor No Hay Sentido

Esa sonrisa que siempre
tú me das en la mañana,
y la mirada tan dulce
que de tus ojos emana,
son como lluvia en mi frente
que disipan la pereza,
como imagen permanente
cual tatuaje en mi cabeza.

Esa voz tuya a lo lejos
es música en mis oídos,
si pasas quedo perplejo
tú dislocas mis sentidos,
solo te digo ¡que tal!
y me quedo ahí parado ,
me respondes , - bien y ¿tú?
yo pienso, - aquí enamorado.

Te ríes y yo me río,
si sientes dolor, lo siento,
respiras y yo respiro
si tienes sed, estoy sediento.
...

...

Si por tu mente pasara
lo que por ti estoy sintiendo,
pensarías que estoy loco
o simplemente mintiendo;
es un amor tan profundo
y tan raro al mismo tiempo,
te conocí, y en un segundo
ya por ti estaba muriendo.

Aunque busco explicación
a esto que pasa conmigo,
no creo encuentre razón,
cuando hay amor no hay sentido.

Llegaste Tú

Llegaste como brisa mañanera,
como aroma delicioso de café,
llenaste de ilusiones mi bañera
abrazado a tu sonrisa desperté.

Eres agua milagrosa en mi desierto,
en tus labios pude al fin saciar mi sed,
cual madero que aparece en mar abierto
rescataste mi cordura y mi fe.

Llegaste como alegre primavera
como dulce y serena salvación,
calentaste con tu amor mi alma entera
se salvo del crudo invierno el corazón.

No Sé Porque Me Pregunto

No sé porque te empeñas
en decir que no te quiero,
si tu sabes que eres dueña
de mi corazón entero.

No sé porque si te miro
veo la duda en tus ojos ,
si sabes que yo respiro
para cumplir tus antojos.

No sé si llevo a tu lado
casi más de media vida,
porque me siento juzgado,
atrapado y sin salida.

No sé porque me pregunto
tantas cosas como estas,
lo importante es estar juntos
para encontrar la respuesta.

Déjame

Déjame contarte estrellas
mientras duermes sobre mi esperanza,
dame tu sonrisa bella
dulce suero para mi confianza.

Déjame cual tibio manto
abrigarte con mis emociones,
sumergirme, hallar tu encanto
y desde adentro escribir canciones.

Déjame en tus lindos ojos
asomarme y ver la primavera,
de temores ahora me despojo
pues tu amor ya no es una quimera.

Boleto A La Esperanza

Llevo más de media vida esperando este momento
sucumbí a la lujuria y me cegó la pasión,
más aunque estuve embriagado de delirios y tormentos
me guarde los sentimientos y congele el corazón.

Hoy he logrado escapar de este limbo traicionero
aunque sé que fui egoísta y te hice mucho mal,
yo no te puedo olvidar, mi amor por ti es sincero
y volvería a nacer si me logras perdonar.

Voy a sacar un boleto de viaje directo a tu alma
llevare poco equipaje, solo la ilusión y calma,
será un boleto de ida, pues no pienso regresar
y al llegar, tu corazón, dios quiera me deje entrar.

Fatal Confusión

No intentes calmar mi llanto
te lo pido por favor,
deja que me quede un rato
charlando con mi dolor.

No me repitas lo siento
que tú no eres la culpable,
confundí los sentimientos
con tu gracia y trato amable.

Aunque la vida ahora mismo
no me trata con clemencia,
acepto las consecuencias
de mi fatal confusión
y confiare a la paciencia
que disipe esta pasión.

Corazón Nublado

Está lloviendo en mi corazón
el sol se fue y no quiere salir,
llueven preguntas no hallo razón
por la que hoy tu quieres partir.

Está lloviendo en mi corazón
cruel aguacero de incertidumbre,
y me sorprende la sensación
de que tu ausencia se hará
costumbre.

Y te vas, te vas y yo me quedo
me miras con piedad
porque sabes que te quiero.
Y te vas, te vas y yo me quedo,
si mañana tú no estás mi amor,
creo que muero.

Está lloviendo en mi corazón
y aunque lo cubro con gran desvelo ,
le llueve a cantaros tú traición
y me lo inundas de desconsuelo.

...

...

Está lloviendo en mi corazón
dolor, rencor, miedo y tristeza,
si no le escampa tanta emoción
solo latir dará pereza.

Y te vas, te vas y yo me quedo
me miras con piedad
porque sabes que te quiero.
Y te vas, te vas y yo me quedo,
si mañana tú no estás mi amor,
creo que muero.

Incumplimiento De Contrato

Amigos con beneficios
eso fue lo que acordamos,
sin presión ni compromisos
así muy bien la pasamos.

Dejamos fuera del trato
a nuestros dos corazones,
congelando por buen rato
sentimientos y emociones.

Entre el deseo y la amistad
la pasión gano terreno,
y le dio la libertad
al placer con desenfreno.

Pero el amor no descansa
el siempre está en todos lados,
se entero de lo que pasa
y que no ha sido invitado.

Llamo a una sesión urgente
al sueño y a la esperanza ,
también estaban presentes
la ilusión y la confianza.

...

Por mucho que resistimos
el trato quedo anulado ,
y un buen día amanecimos
totalmente enamorados.

Dilema

Pones frente a mí una chica preciosa
con sonrisa de ángel y cuerpo de diosa,
haces coincidir su mirada y la mía
despierta la emoción que hace tiempo dormía.

Busco disuadir la pasión con cordura
y escapar ileso de esta situación,
falla la razón ante tanta hermosura
y la ganadora es la tentación.

Siempre me repites la misma jugada
pones frente a mí la jugosa carnada,
buscas la manera en que muerda el anzuelo
y que me arrepienta rodillas al suelo.

...

...

Celestial movida, cruel estratagema
que mantiene vivo el mismo dilema
desde hace siglos, tantos como estrellas;
¡mira y no toques, toca y no lo pruebes,
prueba y no sientas, siente y no padezcas!

Como te diviertes tú desde allá arriba,
mueves como fichas todas nuestras vidas;
mezclas elementos, creas situaciones,
provocas sentimientos y explotas emociones.

Y al final del cuento nos haces culpables
de algo que tú fuiste el que lo creaste,
tan maravilloso como inevitable,
e insisten en llamar "el pecado de la carne".

Amigos que Hacen Sufrir

Cada vez te pienso menos
gran alivio para mi,
el corazón hace su intento
la razón te aleja al fin.

Esa frase tan gastada,
-te amare hasta el final
para mí no vale nada,
son palabras al azar
bajo lluvia de pasiones
que se pueden olvidar.

Me llevaste a la locura,
no pensé verte partir,
hoy recobro la cordura,
ya perdí por quien sufrir.

Dos amigos en común
siempre actúan a la vez,
uno empuja hacia el amor
otro a la sensatez.

Dos amigos en común
enemigos entre sí,
la razón y el corazón
al final me hacen sufrir.

Rayito de Luz

Lindo angelito caído del cielo
el regalito de mis cuarenta,
mi palomita de terciopelo
bello arco iris tras la tormenta.

Tu risa alegre, tierna inocencia
un fuerte abrazo, tus travesuras,
han sido bálsamo casi una cura
para esta herida que sigue abierta.

Eres el rayito de luz que viene a despertarme
logras mucho más que el café en la mañana animarme,
tus pasitos de bebe dejando huellas de amor
dulce abejita traviesa vuelas de flor en flor.

Se llena de colores mi alma
cuando tus ojitos me miran,
buscando en mi pecho la calma
hacia el cielo tus manitas se estiran.

...

...

No temas mi pequeña princesa
que cuidándote siempre estaré,
a dios gracias por tan pura sorpresa
dulces sueños mi preciosa bebe.

Eres el rayito de luz que viene a despertarme
logras mucho más que el café, en la mañana animarme ,
tus pasitos de bebe, dejando huellas de amor,
dulce abejita traviesa, vuelas de flor en flor.

Recuento

Pensando en el tiempo que ha pasado
en la noche que nos conocimos,
ciertas cosas han cambiado
desde el primer beso que nos dimos.

Fue un inicio de ardiente pasión
duras pruebas y frágil confianza,
de a poquito me llenaste el corazón
con el tiempo se ajustaba la balanza.

Te quería con infantil locura
eras como propiedad privada,
hoy te amo con sabia cordura
se levantan ya las barricadas.

Eres hoy, amante, amiga, esposa
confidente de todas esas cosas,
que guardamos con celo bajo llave
solo tú y yo, más nadie sabe.

...

Pensando en el tiempo que ha pasado
y en la noche que nos conocimos,
ciertas cosas por fortuna no han cambiado
desde el primer beso que nos dimos.

Tu sonrisa, cual gaviota en mar abierto
que ilumina los momentos más oscuros,
las caricias como bálsamo en tus manos
y que ayudan a sentirme más seguro.

Ese golpe que sentimos en la panza
cuando estamos a punto de encontrarnos,
esos besos que nos damos y no alcanzan
a saciar las ansias locas por amarnos.

Eres hoy, amante, amiga, esposa
confidente de todas esas cosas,
que guardamos con celo bajo llave
solo tú y yo, más nadie sabe.

El Último Eslabón

Busco en vano las razones
de tu cruel indiferencia,
quizá encuentre en mis canciones
el remedio pá olvidarte.

Aunque pierdo la paciencia
cuando trato de mirarte
y tus ojos sin clemencia
se desvían a otra parte.

Me hundo en silente llanto
disfrazado de sonrisa,
mientras veo con quebranto
como te alejas de prisa.

Y me parte el corazón
la verdad que hoy me asfixia,
soy el último eslabón
en tu cadena alimenticia.

El Amor

Al amor igual que al vino
el tiempo lo pone mejor,
el te prueba si es genuino
como todo un catador.

Hay que saber disfrutar
con el pasar de los años,
cual exquisito manjar
el amor que no fue engaño.

Cuando la nieve aparece
y el paso se hace lento,
el amor se fortalece
y resiste fuertes vientos.

El amor es la manera
de vivir a plenitud,
es la fuente verdadera
de la eterna juventud.

La Belleza Tiene Dueño

Mientras subimos la cuesta
de esta intrincada vida,
vamos hallando respuestas
en medio de la subida.

¿Por qué la luna se esconde
cuando está saliendo el sol,
y porque no dices donde
podría encontrar tu amor?

¿Por qué existen cosas bellas
que no podemos tocar?
Habiendo tantas estrellas
solo se pueden mirar.

¿Por qué mi niña preciosa
en ti ya no pongo empeño?
Cada jardín tiene rosas
pero también tienen dueño.

Sé Que No Habrá Perdón

Fui embriagándome de loca pasión
sin medir las consecuencias,
pagare bien caro mi traición
sé... que no habrá clemencia.

Me embrujo esa noche una bella figura,
misteriosa con ojos de gitana,
había olvidado en casa la cordura
mas cargaba con todas mis ganas.

Desperté en la mañana con el frio de la culpa
extrañando tu ternura y tu calor,
corrí a tus brazos, pero en ellos había duda
y en tus ojos una niebla de dolor.

Sentí el crujir de tu corazón
al romperse en mil pedazos,
que sepultaron para siempre tu perdón
y me estoy muriendo a plazos.

Migajas

Siempre recogiendo las migajas de esperanza
que a tu paso van quedando atrás,
cuando me sonríes recupero la confianza
sobrevivo con lo poco que me das.

Con un suspiro tuyo yo respiro todo un año
y despierto si en mis sueños tú no estás,
regresó de un gran letargo mi corazón ermitaño
me trajiste incertidumbre y te llevaste la paz.

El sonido de tu voz es brújula que da el norte
a mi vida que es tormenta en alta mar,
en tus pupilas traviesas veo un lejano horizonte
que no se si alguna vez pueda alcanzar.

Divina Aparición

Era un día igual que otro
empapado de rutina,
arrastrando sueños rotos
que soltaba en cada esquina.

Caminaba por inercia
ignorando la ciudad,
aceptando la sentencia
de esta cruda soledad.

Era un día de esos largos
que no quieren terminar,
donde todo sabe amargo
hasta el más dulce manjar.

Pero algo inesperado
me impulso a levantar,
mis ojos ya tan cansados
de buscar sin encontrar.

Frente a mi estabas tú
cual divina aparición,
bello y tierno Déjà vu
que sintió mi corazón.

...

...

Fue dulce y rara impresión
pues al verte yo sentía,
una fuerte sensación
de que ya te conocía.

No sé si fue en mi otra vida
o esperando el autobús,
tanto busque la salida
y al final ya veo luz.

Maldita Cordura

Como resistir tanta belleza frente a mí
tanta dulzura en una sola sonrisa,
como disfrazar de calma el frenesí
que hace latir mi corazón con tanta prisa.

Como poner freno a esta ciega pasión
que me exprime hasta dejarme sin aliento,
si a mi lado nunca ha estado la razón
cada vez que el alma explora un sentimiento.

Como he podido yo tener tanta cordura
y dejar que tu pasaras por mi vida,
sin rozar ni tan siquiera tu hermosura
soportando en silencio cada herida.

Agradable Cautiverio

Voy cruzando la frontera
de tu vientre hasta el ombligo,
la pasión prende su hoguera
y nos brinda luz y abrigo.

Instalarme en tu pradera
es mi último objetivo,
cabalgando en tus caderas
cual jinete fugitivo.

Ya recorro tu misterio
cauteloso y asustado ,
por saber que estoy en medio
de un momento tan soñado.

Agradable cautiverio
que une cuerpos sofocados,
de un placer que planta imperio
en terreno cotizado.

Ángel De La Noche

Ya terminas en la casa los trajines,
pones suero de café a tu pereza,
a la cama ya se van los pequeñines
sus abrazos alivianan tu tristeza.

El cansancio se te asoma en el espejo
te mira con resignación y pena,
y la luna te hace un guiño desde lejos,
avisando que en aquel lugar te esperan.

Ángel de la noche
con las alas mutiladas por la decepción,
ángel de la noche
con el alma destrozada por una traición.

Delantal que se vuelve corta falda,
las pantuflas que se elevan en tacón,
y tu pelo en soltarse ya no aguarda,
preparado para la triste misión.

...

Tu figura dulce y tierna se convierte
en volcánica y sensual anatomía,
que se afana mientras otro se divierte
por llevar el pan a casa día a día.

Ángel de la noche,
con las alas mutiladas por la decepción,
ángel de la noche
con el alma destrozada por una traición.

La mirada lujuriosa te devora
tu le vendes tu sonrisa fabricada,
guiño falso, beso roto, piel marcada
por la vida tu implacable dictadora.

Lenta madrugada,
agonía que aun te queda por vivir;
lenta madrugada,
cuantos bailes aun te quedan por sufrir.

...

...

Ángel de la noche,
con las alas mutiladas por la decepción ,
ángel de la noche
con el alma destrozada por una traición.

Cruel Atadura

Todo comienza tan bonito
fuertes abrazos que se vuelven infinitos,
almas que siempre están unidas,
bellas palabras que ilusionan y dan vida.

Cuerpos que tratan de fundirse con un beso
caricias que llevan directo a los excesos,
medias naranjas que las unen ilusiones
tratando de sacarle el jugo a las pasiones.

Hechos el uno para el otro, amor profundo
volando alto y riéndose del mundo ,
medias naranjas que se inyectan de ternura
cual vitamina se van haciendo una.

...

...

Planes nupciales, invitaciones,
la vieja iglesia, con el cura y sus sermones,
caros anillos, bellas flores
velo de novia, con sus ansias y temores.

Hasta que la muerte los separe
cruel atadura que se impone sin clemencia,
fatal sentencia dictadora del destino
que agua la fiesta justo comenzando el vino.

Viene muy pronto aterrizando la cigüeña
con su paquete de ternura hecho bebe,
entre pañal y biberón esta pequeña
con su alegría, vira todo al revés.

...

...

Pero el amor va a paso lento y ya se cansa
no quiere entrar ni tan siquiera en la cocina,
está perdiendo su camino la confianza
y se hace dueña de la casa la rutina.

Peleas diarias y llegadas a deshora
tiendas que siempre justifican la demora,
la secretaria que en algún lugar espera
el cruel destino hace todo a su manera.

De los anillos, bellas flores e invitados
solo han quedado cicatrices y abogados ,
el fuerte beso que fundió las dos mitades
se vuelve firma que divide propiedades.

Desenfreno

Haciendo malabares por estar contigo
rompiendo compromisos, entrando en lo prohibido,
brincando más obstáculos que Indiana Jones
ganándome enemigos por montón.

Tu amor es el tesoro que debo encontrar
es la bella princesa que intento rescatar,
por ti cruzo los mares sin saber nadar
me siento en mi escritorio y no puedo pensar.

Espero todo esto sea suficiente
si no es así seré paciente,
yo esperare por ti no importa cuanto
congelare mi tiempo e hibernare en tu encanto.

...

...

Por ti veo con gracia las calamidades
me gano los problemas y pierdo hasta amistades,
me lanzo como un loco a mil hazañas
por ti trepo paredes como el hombre araña.

La gente que conoce mi forma de ser
se asombran con mi cambio y no pueden ver,
que estar enamorado es perder tu ser
es andar por las nubes sin miedo a caer.

Espero todo esto sea suficiente
si no es así seré paciente,
yo esperare por ti no importa cuanto
congelare mi tiempo e hibernare en tu encanto.

Disparo De Hielo

Cuando menos lo esperaba dices
que ya no hay pasión
no creí lo que escuchaba rompiste
mi corazón,
que tu amor por mi se ha ido y que
tú te vas
con él,
colapsaron mis sentidos y ya no
supe que hacer.

De repente me quitaste todo el piso
de los pies
y viraste en un segundo mi corazón
al revés,
gran caída que no creo pueda yo
sobrevivir
fuerte golpe que hará trizas la razón
de mi
existir.

Disparo certero de franco tirador
en el centro de mi corazón,
¿por qué atacas así al amor
destrozándolo sin compasión?
Disparo de hielo, disparo traidor,
avalancha de desilusión.

...

Esperanza abandonada en medio del camino
tantos sueños que se quedan sin cumplir,
cruel sorpresa que aguardaba, vil patraña del destino
largas noches que me esperan por sufrir.

Aunque arde tu partida como sal en las heridas
te aseguro no guardo rencor,
adelante no lo pienses , eres dueña de tu vida
ya veré como lidiar con mi dolor.

Disparo certero de franco tirador
en el centro de mi corazón,
¿por qué atacas así al amor
destrozándolo sin compasión?
Disparo de hielo, disparo traidor,
avalancha de desilusión.

Diva Del Hogar

Te levantas temprano en la mañana
y le das café al sol,
las tostadas, la leche, la manzana
todo bajo control.

Eres una laboriosa abeja
que liba ternura y reparte amor,
de tus labios no sale una queja
tan solo dulzura que alivia el dolor.

Eres tú la diva del hogar
y tu óscar solo una postal,
dedicada una vez al año
con versos extraños
pá no quedar mal.

Incansable ángel de la guarda
tu alegría es el talismán,
que arremete contra la tristeza
con la fuerza de un huracán.

En la noche tierna y ardorosa
indomable y dulce compañía,
te transformas en madre y esposa
cuando sale el sol y comienza el día.
...

...

**Eres tú la diva del hogar
y tu óscar solo una postal ,
dedicada una vez al año
con versos extraños
pá no quedar mal.**

Entre El Bar y El Callejón

Ya se despierta la noche
la luna nos regala su esplendor,
adolescente derroche,
taconeo de adoquín trasnochador.

La tranquila oscuridad
del añejo callejón,
perdió la virginidad
entre caricias llenas de pasión.

Yo me embriago en un bar
con mi amiga la tristeza,
tratando de adivinar
si me olvidas o regresas.

Como coinciden momentos
de dolor y de pasión,
se enfrentan los sentimientos
entre el bar y el callejón.

La noche sigue avanzando
y el silencio ya sello,
todos aquellos momentos
que la luna presenció.

...

...

Mientras en el callejón
la función aun no termina,
sudorosa la pasión
se acurruca en una esquina.

No sé si llamarte yo
o esperar que tu lo hagas,
quizá nuestra situación
no la salve una llamada.

Como coinciden momentos
de dolor y de pasión,
se enfrentan los sentimientos
entre el bar y el callejón.

La luna ya da el aviso
de que acaba la partida,
mientras que yo martirizo
con alcohol estas heridas,
y continuo indeciso
si regresas o me olvidas.

Se acercan las carcajadas
de lujuria y diversión,
sensualidad empapada
de una noche de emoción.

...

Entran al bar donde estaba
con mi amiga la tristeza
y para mi gran sorpresa
pide un trago la razón,
por la que no me llamabas
por la cual no regresas.

Como coinciden momentos
de dolor y de pasión,
se enfrentan los sentimientos
entre el bar y el callejón.

Esperanza

Si las culpas nos sacaran de este lio
hace tiempo que estuviéramos
salvados,
pelotearnos de uno a otro los
errores
solo hacen nuestras deudas aún
mayores.

Si plantamos la bandera de la guerra
con insultos y falsas acusaciones,
se bloquean la razón y la cordura
saboteando las posibles soluciones.

Banca astuta y políticas erróneas
dos enfermos de codicia y de
maldad,
abogado que sin dinero te deja
todos lobos con caros trajes de
oveja.

No dejemos que toda esta algarabía
nos obligue a hipotecar nuestra
confianza;
ellos tratan de salvar su economía,
nosotros rescatemos la esperanza.

...
Es verdad que la tormenta no termina
cuando solo avisaron poco viento,
saldos pobres, cero ahorro y la hipoteca
pesadilla americana del momento.

Si el temor y la anarquía se aprovechan
de la débil y maltrecha economía,
no dejemos que en nosotros abran brechas
y nos roben de un plumazo la alegría.

Banca astuta y políticas erróneas
dos enfermos de codicia y de maldad,
abogado que sin dinero te deja
todos lobos con caros trajes de oveja.

No dejemos que toda esta algarabía
nos obligue a hipotecar nuestra confianza,
ellos tratan de salvar su economía
nosotros rescatemos la esperanza.

Mágica Edad

Pensaba en los cuarenta
como algo tan lejano,
de pronto caigo en cuenta
que me toman de la mano.

Regalos por montones
y felicitaciones,
los amigos y sus bromas,
sanas insinuaciones.

Cuarenta años,
el ecuador de la vida,
cuarenta años
frontera inevitable
entre el pelo y su caída.

Cuarenta años
un cuatro amigo del cero,
que esperaban en mi espejo
una mañana en febrero.

Medio camino explorado
escala de un primer viaje,
mitad del juego ganado
con errores con coraje.

...

Cuando nuestra adultez
comienza en dos o en tres
nos sentimos tan seguros,
no pensamos que después
del tres y el nueve viene
un numero maduro.

Cuarenta años
el ecuador de la vida,
cuarenta años
frontera inevitable
entre el pelo y su caída.

Cuarenta años
un cuatro amigo del cero,
que esperaban en mi espejo
una mañana en febrero.

Noches de insomnio me cuesta
aceptar la realidad,
que cuatro y cero es la respuesta
para una mágica edad.

...

...

Juventud añejada
por el paso de la vida,
experiencia acumulada
entre tropiezos y caídas.

Cuarenta años
el ecuador de la vida,
cuarenta años
frontera inevitable
entre el pelo y su caída.

Cuarenta años
un cuatro amigo del cero,
que esperaban en mi espejo
una mañana en febrero.

Mortal Quimera

Eres mi horizonte tan lejano
eres como los Alpes indomables,
estrella fugaz que nunca alcanzo
como la luz del sol tan intocable.

Eres mi noche con ansias truncadas
molesto amanecer, vacía
madrugada,
eterna multitud que no termina
tratando de encontrar yo la salida.

Y te extraño y te extraño,
yo no lo puedo evitar
he intentado en otros brazos
y no te logro olvidar.

Y te extraño y me engaño,
tratando de rescatar
un amor que me hizo daño
y ya no va a regresar.

...

...

Eres falso presente disfrazado de futuro
que por más que lo intente seguirá siendo inseguro,
eres quizá, tal vez, nada concreto
eres partir, volver siempre en secreto.

Eres un espejismo en mi corazón desierto
isla fantasma en pleno mar abierto,
breve burbuja de jabón en mi bañera,
dulce y falsa sensación, mortal quimera.

Y te extraño, y te extraño
yo no lo puedo evitar
he intentado en otros brazos
y no te logro olvidar.

Y te extraño y me engaño,
tratando de rescatar
un amor que me hizo daño
y ya no va a regresar.

Vuelo Hacia El Ayer

Te alejaste de mi presente
emigrando como un ave hacia el ayer,
la esperanza de tenerte
es tan débil como el sol de atardecer.

Me elevaste hasta la cima de mis sentimientos
para luego dejarme caer,
y como hoja suelta al viento
va volando la ilusión de volverte a ver.

Me encierro en mis miedos
y no salgo ni siquiera a respirar,
me encierro en mis miedos
y agonizo en la espera de algo que no va a llegar.

Me refugio en tus costumbres
las revistas que ignoraba
y tu solías leer,
ya la tele no se cambia
del canal que tanto odiaba
y que siempre querías ver.

...

Aquí estoy en el sofá
con mi amiga la tristeza,
y me mira con piedad
tu retrato en nuestra mesa.

Me encierro en mis miedos
y no salgo ni siquiera a respirar,
me encierro en mis miedos
y agonizo en la espera de algo que
no va a llegar.

Yo soñando con lo nuestro
como algo para siempre amor,
y tu emprendes ese vuelo
que ha causado en mi tanto dolor.

Tu belleza no dejaba
que atendiera a la razón,
mientras ella me indicaba
al reverso de tu corazón,
la fecha en que expiraba
tu fugaz pasión.

...

...

Me encierro en mis miedos
y no salgo ni siquiera a respirar,
me encierro en mis miedos
y agonizo en la espera de algo que
no va a llegar.

Martirio Del Plural

Siempre acepto las excusas
de tus idas y venidas,
tu recoges ropa y joyas
yo me quedo con la vida,
de los dos en un suspenso
que me agota y martiriza.

Siempre cargo con el peso
de recuerdos y añoranzas,
tu cargas con tu egoísmo
y con toda la esperanza,
se te olvida nuestro amor
cuando haces tú equipaje
llevándote la ilusión,
el dinero y maquillaje.

Paremos ya esta ruleta
de tormentos y pasiones
frustraciones y delirios,
porque a nuestros corazones
no hace bien este martirio.

Siempre hablo yo en plural
como si a ti te interese,
que lo nuestro siempre empiece
cuando casi va a acabar.

...

Siempre arrastro con las penas
de este amor que me domina,
tu presencia me encadena,
con mi ausencia tú te animas.

Y es que siempre yo me encargo
de pasar el trago amargo,
tú en rociarme las heridas
con la sal de tu partida.

Paremos ya esta ruleta
de tormentos y pasiones
frustraciones y delirios,
porque a nuestros corazones
no hace bien este martirio.

Y qué problema es el que tengo
siempre hablo yo en plural,
si al final no te retengo
y a ti todo te da igual.

Mezcla Perfecta

Lo que me pasa contigo
no lo puedo describir,
incontables sensaciones
que yo no puedo decir,
ni una palabra o una frase,
ni en cien páginas ni en mil.

Lo que me pasa contigo
no merece una etiqueta,
es algo tan infinito
parece de otro planeta.

Porque eres tú mi mujer
el aire puro que respiro,
brillo de luz al anochecer
cálido beso y un suspiro.

Porque eres tú mi mujer
abeja en flor, pájaro en vuelo,
tierno rubor, dulce consuelo,
aroma fresco de amanecer.

...

...

Lo que me pasa contigo
es una mezcla perfecta,
de cariño y desacuerdos
de ternura y discusiones,
de rencores y recuerdos
de alegría y de tensiones.

Lo que me pasa contigo
es antídoto y veneno,
es ataque de pasiones,
es amor pero del bueno.

Porque eres tú mi mujer
el aire puro que respiro,
brillo de luz al anochecer
cálido beso y un suspiro.

Porque eres tú mi mujer
abeja en flor, pájaro en vuelo,
tierno rubor, dulce consuelo
aroma fresco de amanecer.

www.ingramcontent.com/pod-product-compliance
Lightning Source LLC
Chambersburg PA
CBHW061507040426
42450CB00008B/1508